구강포

九旬의 어머님께 이 시집을 드립니다.

구강포

김해인 시집

문학들

시인의 말

올해는 일찍 홀로된 어머니가
九旬을 맞이한 해이다
이런 뜻깊은 해를 맞이하여
고향 앞바다
구강포九江浦를 제목 삼아 시집을 출간한다
'운림산방' 관련 시와
'방산'을 제외하고
모두 다 구작이다
오랜만에 다시 읽어 보니
내가 언제 언어를
이렇게 뱉어냈나 하는 생각이다
어둠에 갇혀 있던
작품들이
九旬을 맞이한 어머니 덕에
햇빛을 보게 된 것이다,
九旬을 아무나 하나.

2014年 九月
김해인

차례

제2부

제3부

제4부

부록 단시조

제1부

자화상

1

오른쪽
가슴에는
신독愼獨을
새기고

왼쪽
가슴에는
부동화이不同和而를
새기고

세상에
대처했는데
결과는
오리무중

2

날려 가지 않을 만큼 가벼운 생을

가라앉지 않을 만큼 무거운 생을

꿈꾸며
살아왔는데
몇 할이나 이루었나

단시조론

1. 은장도

무엇이든
붙들면
십이음보로
끝내다니

부동의
삼장육구
어김없이
지키면서

좌우간
연금술사를
꿈꾸는
은장도여

2. 한판승

하늘이 몇 박자로 천둥번개 내리치나

유도로 말하자면 한판승에 가깝지

더불어
촉기가 있으면
그야말로 금상첨화

시작

짜잔하더 짜잔한 시작과 결별해야지

한없이 붙들렸다간
파산이 결론이여

언어의
그물망으로
한 푼도 못 건진 걸

떨치려 애를 쓰면 더 단단히 붙드니

눈치채지 못하게
결별할 길 어디 없나

한 가지
한 가지 밖에,
어서 빨리 끝장내야지

거시기론

이야기를 나누다가 떠오르지 않을 때

혜성처럼 등장하여 문제를 해결하지

언어의
구원투수를
알아보지 못하다니

어떤 글을 쓰다가 입장이 곤란할 때

이따금 차용하면 빠져나갈 수 있는 것을

언어의
구원투수를
이제야 알아보다니

은유

1

은유에 빠졌다간 벗어나기 힘이 드니

권하고 싶은 맘이 조금치도 없다만은

그래도
사기겠다면
말릴 일은 아니지

2

은유가 널렸으나 알아보지 못하다니

손에다 쥐어 주면 알아볼 수 있을라나

그 어디
청맹과니가
따로 있다 하겠는가

슬픔이란 짐승은

슬픔이란 짐승은 비만이어야 좋은가

슬픔이란 짐승은 여위어야 좋은가

슬픔도
에스라인으로
잘 빠져야 좋다고

내 눈으로 내 슬픔을 측정할 길 없으니

비만인지 여위었는지 알 길이 없는 것을

뭐라고
비만이라고
살 좀 빼야겠다고

건망증

오작동이 빈번한 건 뭔 일 있단 신호이지

일이 커지기 전에 수리를 받아야지

견적이
얼마나 될까,
호주머니
가벼운데

그놈의 건망증을 내버려 두면 어찌 되나

부속품 교체 없이 수리하는 방법 없나

뚜껑을
잘못 열었단
결과가
오리무중이니

겨울바다

바다가 울적하니 사람들이 등 돌리나

사람들이 등 돌리니 바다가 울적하나

서로가
마음의 빚을
지는 것은
아닌지

변주 없는 마음은 단조로울 수밖에

표정이 날라지면 오해 사기 십상이나

몸짓은
변함없는데
분위기가
달라진 걸

구강포九江浦

1

내 슬픔의
내력을
빠삭하게
알고 있으니

거침없는
그대를
바로 보지
못한 것을

슬픔을
대물림하다니
내 의지와
무관하게

2

몸통이 가지들을 낳은 것이 아니라

가지들이 함께하여 몸통을 낳은 것을

슬픔의
가계도란 말,
그댈 두고 한 말이나

열수洌水

– 사의재

1

기쁨이라고 다 같은 기쁨이 아니듯이

슬픔이라고 다 같은 슬픔이 아닌 것을

더더욱
근엄해야 하니
몇 배나 힘들었지

2

행여 어딘가에서 말발굽 소리 다가오나

행여 어딘가에서 말 울음 소리 들려오나

가슴이
얼어붙었지,

빈 바람 소리에도

3

슬픔도 길이 들면 헤어지기 싫은 것을

슬픔도 맛이 들면 때깔이 나는 것을

무어든
한 몸이 되면
잊고 살기 마련이지

* 열수洌水 : 정약용의 호.

방산舫山

1

유전자가 먼저인가, 환경이 먼저인가

따질 필요 없는 건 둘을 다 지녔기에

다산의
핏줄이라는
사실 하나만으로

외조부에 가리어 이름은 덜 날렸으나

방산은 머지않아 빛나기 마련이여

문명이
이웃나라까지
떨친 것만 보더라도

2

방산유고 서문 낳은 소당小棠이 누구인가

추사와 우선을 다 섭렵한 분인 것을

서문이
이 정도라면
유고는 어느 정도

* 방산舫山(1814~1879) : 이름은 윤정기尹廷琦이다. 본관은 해남海南, 사는 경림景林, 호는 방산舫山, 방재舫齋이다. 아버지는 참봉 영희榮喜이며, 어머니는 다산의 딸 혜련惠蓮이다.
* 『방산유고舫山遺稿』 : 조선 후기 학자인 윤정기尹廷琦의 시문집이다. 책머리에 김석준金奭準의 서문과 저자의 자서, 책 끝에 중국인 주당周棠의 발문이 수록되어 있다. 3권 2책이다.
* 소당小棠 : 우선藕船 이상적李尙迪의 제자이면서 추사의 마지막 제자인 김석준金奭準(1831~1915)의 호이다.

명발당 가는 길

고사골 지나는데 들꽃들이 따라와야

나무랄 생각이 눈곱만큼도 없는데

저만치
따라오다니
다가서지 아니하고

한참 따라오다가 돌아보면 멈춰 서야

따라오지 마란 말을 뱉은 적이 없건만

왜 그리
눈치 보는지
손잡아 주고 싶은데

* 명발당明發堂 : '효성스런 마음이 드러나는 집'이란 뜻이다.

물의 군말

상선약수란 말은 과분한 말씀이고

고인 물은 썩는다는 지당한 말씀이지

달려야
튼튼한 몸이
맑은 정신 가져오니

무작정 달렸다간 남는 것이 없으니

달릴 때는 달리고 걸을 때는 걸어야지

시중時中이
따로 없는 걸,
쉴 때는 또 쉬어야

명발당의 혜련에게 주는 시
– 茶山

1

너는 혼자 아닌
여유당의 우리 모두

네 어미도 네 애비도
네 안에 있는 것을

네 몸을
떠나지 않으니
두려울 게 뭐가 있나

2

슬픔을 물리치는 가장 좋은 방법은

슬픔이 간여할 틈을 주지 않는 거지

슬퍼할
틈이 없는 생이
가장 좋은
생이어야

* 혜련惠蓮 : 다산의 딸이다.

매조도

– 茶山

1

살아생전 떠맡아야 할
슬픔의
몫이 있다면

너희들의 몫까지
내가 다
떠맡을 테니

매화꽃
들여다보는
새들처럼 살아가길

2

슬픔이란 슬픔은 내가 다 떠맡아도

내가 흘린 슬픔이 어딘가에 있기 마련

네 짝을
못 보고 갈까
두려움이 앞서는 걸

* 다산은 매조도梅鳥圖를 둘 그렸다. 하나는 시집간 딸 혜련惠蓮에게 준 것이고, 다른 하나는 소실에게서 얻은 딸 홍임弘任에게 주려고 그린 것으로 추정하고 있다.

달빛한옥마을

1

쏟아지는 달빛이 너무도 아까워서

쏟아지는 별빛이 너무도 아까워서

그릇에
담아 두었다,
한옥마을 지었다며

쓰고 남은 달빛을 버리지 말아야지

쓰고 남은 별빛을 버리지 말아야지

달빛도
다 같은 달빛이
아닌 걸 몰랐었나

2

눈빛 선한 달빛한옥 비바람에 상처 나도

달빛으로 별빛으로 치유하면 그만이여

더구나
무상인 것을
아무리 사용하여도

등대

1

그대와
내가
낮과 밤을
달리하니

그대를
위로해 줄
시간이
많지 않지

다행히
달과 별들이
나를
대신해야

2

삼지창 든 바다에
주눅 든 저 배들을

그대 말고 거들 이가
세상에 어디 있나

그대가
대명사이니,
외로움과 쓸쓸함의

뻐꾹새

1

사나흘도 아니고 한 달도 아니고

한 철을 무대에 선
성대에 이상 없나

용각산
복용 않고도
저리 잘 버티다니

2

저게 소리꾼이면 고수는 누구이나

모든 꽃나무들이 눈빛으로 장단 맞추니

누구도

모를 수밖에
추임새는 물론이고

몽돌
– 정도리에서

1

저 잘생긴 몽돌들이 저 바다의 자식이라며

하루에 두 차례씩 젖 먹이고 간다면서

저것 봐
말하는 사이
젖 물리고 있는 것을

2

드러누운 구계등이 일어나면 구층탑이지

저 잘빠진 몽돌들이 모두 다 사리인 걸

감추고
안 내놓는 건
얼마나 더 많을까

소쩍새

1

소쩍새 울음소리 밤마다 흘러들어

내 마음이 범람할 위기에 처했어야

마음의
수문을 열어
위기를 모면해야지

2

소쩍새 저 자식을 어떻게 이해하지

대낮에 실컷 자고 남의 잠을 깨우다니

이제는
힘 파일 때도
한참이나 지났는데

소쩍새

소쩍새 첫울음은 어디만큼 흘러갔나

소쩍새 끝울음은 어디만큼 따라갔나

저 달의
눈에 띌 텐데

말이
안 통하니

2

소쩍새 울음소리 소沼를 지나 내를 지나

강을 지나 곧 바다에 이를 때가 되었지

가다가
한눈팔다가
말라 버릴 수도 있어

소쩍새

1

사연 기구한 것을 모르는 이 없는 것을

하룻밤도 아니고 날마다 털어 놓다니

일생을
자기연민에서
벗어나지 못한다면

2

소쩍새 울음은 언제 시작해서

소쩍새 울음은 언제 끝이 나나

그런 걸
신경 쓰다니
밥도 안 나오는 걸

쥐똥나무

1

하얀 꽃이 물러난 뒤
시커먼 열매라니

비결이 무엇인가
귀띔해 줄 수 없나

일월이
보여주어도
눈치채지 못한다고

2

내 독백을 알아듣고 눈빛으로 답하다니

이제까지 아무도 질문하지 않은 것을

오해를
살 수 있으니
이 정도로 끝내야지

음유시인, 까치

1

밥 안 되는 시는 어디에다 쓰냐며

타고난 음유시인, 까치를 건들면

시인은
밥 안 묵어도
배부르다, 응수해야

2

음유시인 까치의 오랜만의 바른 소리

아무리 궁핍해도 옹졸하게 살지 마라

그 말은
맞는 말이나
현실을 무시하다니

제2부

갈대

타고났지, 흔드는 데
一家見이 있는 것을

붙들린 것 같아도
마음대로 드나들어

마음이
몸을 따돌려
엉뚱한 짓 다 하다니

高段數지, 속이는 데
세상눈을 감쪽같이

제자리에 있어도
어디든지 다 다녀야

모두 다
당할 수밖에

입증할 길 없으니

選手지, 누구보다
시치미를 떼는 데

혼자서가 아니고
떼거리로 다니는 걸

뭔 말을
할 수가 없지;
뒤탈이 날까 봐서

간이역

1

들 가운데 놓여야 제맛이 나는 것을

달맞이꽃 곁들이면 그보다 좋을 수가

한밤중
우편엽서를
바람 편에 붙여야지

2

그대를 생각하면 코스모스 떠올라야

그대를 생각하면 톱밥난로 떠올라야

철길은
들판에 누워
구름과 눈 맞추고

기러기 떼

움직이는 과녁 찾아 하늘 나는 화살촉 봐

활시위 당겼다가 놓은 이는 누구인가

대지가
하늘을 향해
쏜 것이 분명하지

움직이는 과녁은 도대체 어디 있나

해와 달, 별들 외에 보이는 게 없는 것을

무단히
하늘을 향해
시위를 놓을 리가

달팽이

제 몸이 기지국인 달팽이가 송신해야

수신인이 누구인지 당장 알고 싶은 것을

내용은
언어가 달라
이해할 수 없더라도

눈앞에 바로 내가 수신인 걸 몰랐으니

주파수가 서로 달라 수신이 안 된 것을

달팽이
한눈팔았단
천리마를 앞지르지

* 마지막 연은 내가 어데서 들은 말이다.

동암에서
– 다산

1

오래 묵은 슬픔을 그대로 방치하면

슬픔이 어혈되어 영육이 망가지니

서둘러
퇴치해야지
슬픔의 뿌리까지

2

아무리 애를 써도 뽑히지 않는 것이

슬픔의 뿌리란 걸 뒤늦게 깨닫다니

차라리
한 몸이 되어
뭘 낳는 게 더 낫지

세한도歲寒圖

지필묵으로 세한도를 낳는 게 아니라

방 안에서 좀스럽게 낳는 게 아니라

저 멀리
구름공장에서
눈을 뿌려 낳는 것을

언어의 역설 아닌 역설 그 자체를

방 안 아닌 방 밖에서 그대로 보여줘야

세상은
그대로 두고
화선지를 제작하여

만선滿船

바다의 눈 밖에 나지만 않는다면

그물의 마음을 사로잡을 수만 있다면

누구든
바다의 선물에
안기어 돌아오지

바다의 비위를 거슬리지만 않는다면

입을 봉한 외로움을 이겨 낼 수만 있다면

누구든
바다의 선물을
주체를 못 하겠지

운림산방雲林山房

1

몸은
첨찰산 아래
고삐 매어
있어도

마음은
바다 건너
대정현을
드나들지

더 이상
바랄 게 없어
추사가
밀어주니

2

귀한 산호벽수를 지필묵으로 보여주나

한눈에 산호벽수 몇이나 알아볼까

더불어 제 몸이 바로 산호벽수인 것을

운림산방 詩篇

1. 동백꽃

울울창창 동백 숲에 동백꽃 딱 한 송이가

먼 걸음한 길들 위해 마중을 나오다니

나머지
꽃봉오리들은
빗장 걸어 잠그고

2. 배롱나무

연못에 유배됐나, 연못에서 군림하나

구분이 안 되는 건
나갈 생각 않기에

연못을

들여다보면
못 누릴 게 없는 것을

3. 파초

교과서에서 만난 너를 雲林에서 만나다니

수녀보다 외롭다는 너의 넋을 만나려

내 넋의
담장 밑에다
옮겨 심노라, 너를

4, 영산홍

일 없는 것 같아도 일 있는 게 분명하지

아무 일 하지 않고 꽃 피고 잎 필 리가

지금은
정비할 시간,
꽃눈이며 잎눈이며

소망우체통

마음은 네 다리로 바다 위를 달려서

해를 낳는 수평선 저 너머를 다녀와야

몸뚱인
한 발자국도
간절곳을 못 벗어나도

날개 없는 마음이 하늘밭에 씨를 뿌려

밤하늘에 별들을 무수히 낳는 것을

영육이
따로 놀아도
이보다 좋을 수가

산호벽수珊瑚碧樹

1

산호를 생각하면 벽수를 생각하면

바다 밑도 벼랑 끝도 마다하지 말아야지

오로지
책상 앞에서
잔머리만 굴리다니

2

산호벽수 한꺼번에 무상으로 안기어도

불충한 내 가슴이 감당할 힘이 없어

주제를
파악하고 나니

마음이 가벼운 걸

3

산호벽수 따로 없다 이 말을 뱉고 나니

이솝의 신포도란 생각이 앞장서야

정말로
따로 없다면
뭔 재미로 살아가나

* 산호벽수珊瑚碧樹 : 산호는 수중의 보물이고, 벽수는 요수瑤樹이다. 산호와 벽수가 큰 가지 작은 가지 서로 어울려 융성하라는 뜻으로 추사가 쓴 것으로 횡서 현판이다.

뜨개질
– 아내

1

진종일
대바늘로
무슨 꿈을 꾸고 있지

난공불락의 성채를
남몰래
쌓고 있나

넣다가
빼는 재미는
사내들의 몫인 것을

2

자야 할 때 자지 않고 대바늘과 어울려야

넣다 뺐다, 반복하단 오르가슴에 이를 텐데

대책은
세우고 하는지
걱정이 앞서는 걸

부용산

1

파르티잔의 노래라고 수난을 당했다며

옛 목포 사람들이 즐겨 찾은 그대를

그 상처
다 아물었나,
환갑도 지난 지금

2

파르티잔도 토벌군도 내 동포 내 형제이지

그대가 살아남아 증명하고 있는 것을

조국은
하나다는 말,

뭔 말인지 모를 리가

* 부용산 : 목포 항도여중에 재직하던 박기동과 안성현이 작사하고 작곡한 노래다.

삼학도

1

오래 묵은 전설은 변색되기 마련이나

시간이 흐를수록 더 윤기가 나는 것은

여전히
해와 달, 별빛이
거들어주기 때문이지

2

섬이 된 몸뚱이는 한 걸음도 못 나가나

마음은 구름밭을 훨훨훨 날아다녀야

파도가
닦달을 해도

못 들은 척하면서

3

눈물 없인 못 들을 그대의 이야기가

먼 바다의 섬들에게 가감 없이 전해지지

슬퍼도
아름다운 건
오직 그대뿐이라고

* 삼학도는 세 개의 섬으로 복수이나 여기서는 세 개를 하나로 단수 취급하였다.
* 「돌아온 삼학도」란 시가 시집 『목포』에 실려 있다.

호남선

1

초로 문대지 않아도 잘 나가는 지퍼이지

입을 봉한 차창에 달빛 사연 쌓이는 걸

그 많은
남녘 마을들
눈을 뜨게 하다니

2

가거도 수평선에서 고하도 용머리까지

눈물 많은 다도해, 그 많은 풍경들이

수시로
무임승차해도

눈감아 주는 걸

3

눈비가 달려들어도 대꾸할 생각 않고

그대로 드러누워 제 의무 다하는 걸

성자가
바로 그대이지,
해와 달도 인정하는

우체통

1

제비표 우체통이 아사餓死 직전이어야

그냥 그 자리에서 버티는 이유는

먼 훗날
누군가에게
박씨를 건네주려

2

더 이상 못 버티고 물러난 놈도 많아

퇴역한 게 아니라 퇴출당한 것이여

밥값을
전혀 못하니
본인도 말 못 하지

연탄재

1

참신한 조사는 조문을 오지 않고

식상한 조사만 조문을 오는 것을

오로지
서민을 위해
목숨 바친 그대에게

2

너에게 묻는다를 낳아 준 게 그대이지

아낌없이 주는 나무가 바로 그대이지

이제는
무슨 일 할까,
생각에 잠겨 있는

선풍기

1

몸져누운 그대를 치료해 줄 생각 않고

달빛이 입맛 다시는 쓰레기장에 버리다니

명령을
목숨처럼 따른
결과가 토사구팽

2

그대와 나 사이에 무슨 인연 있었기에

쓰레기 분리수거장에서 눈빛이 마주쳤나

그대로
두고 가자니,
걱정이 앞서는 걸

제3부

대추나무의 군말

1

천둥번개 자식인 성질 급한 벼락과

맞장뜰 준비가 되었다면 죄가 되나

내 몸이
비에 젖어도
덤벼들지 않으니

2

비바람이 맨 먼저 얼굴을 내밀기에

나중에 대처해도 늦지는 않겠지

하지만
날벼락도 있기에
방심할 수 없는 걸

마늘을 까며

엄지와 검지가 아린 일 도맡으니

뭐라도 보상해야 사리에 맞는 거지

다같이
고생했는데,
그게 뭔 소리냐고

옷 벗기는 손맛을 맛볼 수 있었던 건

너희들이 뒤에서 받쳐 줬기 때문이라고

그 말도
맞는 말이지,
충분히 보상받은 걸

소금

울에 갇힌 바다가 그대를 낳은 것을

누굴 닮아 낯빛이 이리도 하얀 걸까

이렇게
다소곳한 줄
그 누가 알았겠나

천방지축 바다가 코뚜레가 꿰인 뒤에

해와 달, 별빛과 바람의 말에 순응했지

순진한
그대 얼굴에
다 쓰여 있는 것을

김치

1

부동화이, 부동화이 말로는 쉬워도

부동화이 이루는 게 쉽지 않다 생각했지

날마다
부동화이를
밥상에서 만나면서

2

새우젓, 멸치젓, 소금, 고춧가루

무배추가 어우러져 한세상 이룬 것을

표본이
따로 없어야,
어려운 부동화이의

서설瑞雪

1

초저녁 비바람이 대문을 들썩거리다가

제 풀에 꺾이어 물러간 줄 알았지

눈발이
바통 받느라
그리 몸살하다니

2

지저분한 세상을 남몰래 도배하느라

입을 봉한 눈발이 동분서주한 것을

오히려
마음의 빗장을
단단히 잠그다니

그릇
– 명퇴 이후

1

어제도 까먹고, 오늘도 까먹고

본전 생각에 눈물이 앞을 가려

시간을
담는 그릇은
어디에서 구입하나

2

그릇에 담아 놔도 달아나기 십상이여

이래저래 머지않아 바닥나면 큰일이여

저장이
불가능하니
가차 없이 써야지

골리앗 크레인

1

그냥 시킨 대로 서 있기에 망정이지

제 발로 걷는다면 세상이 어찌 되나

이 몸은
크레인 앞에
한 마리 벌레인데

2

아무 일도 안 하고 멍청하니 서 있는

크레인과 마주치면 다윗 된 기분이여

내 손에
새총이라도
지니고 다녀야지

사설시조

이렇게 다가가도 뭔 말 듣지 않을라나

단시조는 貞婦요 사설시조는 情婦인데 이정표 없는 문단 눈치 볼 필요 없지 단시조를 붙들까 사설시조를 붙들까 고민할 필요가 하나도 없는 것을 둘 다 한글로는 정부인 게 분명하니 둘 다 가지고 놀아야 시 쓴다 할 수 있지 단시조가 뉘 나면 사설시조와 놀고 사설시조가 뉘 나면 단시조와 놀아야지 단시조는 고향이고 사설시조는 타향인데 한 곳에만 영원히 머무를 수 없는 것을

시중이
최고인 것을
이제야 깨닫다니

사설시조

1

정통도 아닌 것이 이단도 아닌 것이

바로 나인 것을
떳떳하게 알려야지

할 말이
많아지면서
태어난 것 같은데

2

자신이 누구인지
대답할 수 있어야지

변화를 추구해야
살맛이 나는 것을

누구든

틀에 갇히면

뒤가 나기 마련이니

사설시조

시 같지 않은 것을
시조 같지 않은 것을

새 길인지 샛길인지 구분하기 어려우나 샛길도 새 길인 게 너무도 자명하지 옛길을 마다하고 새 길만 고수하면 바람직한 일이라 생각이 안 드는 걸 전통과 개인의 재능이란 말도 있잖은가 옛길도 걸어 보고 새 길도 걸어야지 잘못했단 횡설수설이라 오해 살 수 있으니 무시당하지 않게 기본을 튼튼히 해야지

시조라
대접하기에
아주 애매한 것을

이순에 기대어

불혹은 이순보다 두 수 아래이고

지명은 이순보다 한 수 아래이고

언어의
유희라는 말
이를 두고 한 말이나

지명 속 불혹 있고 이순 속 지명 있고

도에 이른 이순 속 지명 있고 불혹 있고

언어가
가지고 놀다니
순진한 사람들을

겨울 담쟁이론

1

지금 바로
내 앞에
펼쳐지는 풍경들이

쓸쓸함의 대명사지,
고달픔의 대명사지

세상에
극기복례로
삶의 터전 일구다니

2

내년엔 좌우명을 바꿔 볼 생각 없나

방법을 달리하여 사는 생도 괜찮은데

이제는

거피취차로

즐기면서 살아야지

* 극기복례克己復禮 : 자신의 욕심을 버리고 사람이 본래 지녀야 할 예의와 법도를 따르는 마음으로 되돌아감.
* 거피취차去彼取此 : '저것을 버리고 이것을 취하라'는 뜻.

눈물

1

슬픔의 간이역에 내리기도 하고

슬픔의 종착역에 내리기도 하고

슬픔의
완행열차에
지친 몸을 싣고서

2

슬픔도 과속이고 기쁨도 과속이고

분노도 과속이고 절망도 과속이고

모든 게
과속인 세상에
처신을 어찌 할래

Stay Hungry. Stay Foolish.

1

네 단어가 따로 놀면 별 볼 일 없어도

네 단어가 함께 만나 뭔가를 이루었지

세상의
패러다임을
그대가 바꾸다니

2

Stay Hungry. Stay Foolish.

가슴에 새긴 지 꽤 오래되었는데

결과가
어찌 나올라나
성질 급한 나에게

바늘구멍

1

우연히 태어난 바늘구멍 하나가

오늘 같은 세상을 꿈이나 꾸었을까

유레카
세상이 모두
바늘구멍의 자식인 걸

2

세상이 활보하는 내 손 안의 핸드폰도

온오프로 살고 죽는 내 코앞의 모니터도

결국은
바늘구멍의

후예인 게 분명하지

* 사진의 원리는 바늘구멍으로 인해 생긴 역 그림자에서 시작했다.

피에타

1

누군가의 무릎에 안긴 이는 예수이고

누군가를 무릎에 안은 이는 성모이지

무조건
이런 말 뱉었단
도마 위에 오르는데

2

피에타, 피에타 말을 뱉고 난 후에

기분이 이상한 건 언어의 애매성이지

피에다
뭘 타라는 건지,
아니면 탑승하라는……

그라운드 제로

– 9.11

문명 간의 충돌이 무엇을 가져 왔나

폐허로 가득 찬 걸 남은 것이 없다니

하여간
부동화이를
생각 못한 결과인 걸

부동화이 수출로 대박을 터트려야지

덤핑 처분 받아 벌금 물 수도 있으니

절차를
제대로 밟아야지,
파산하지 않으려면

낮달

1

장끼가 까투리를 정신없이 쫓는 것을

낮달이 내려다보다가 군침을 삼켜야

마음은
풀밭에 있네,
몸은 하늘에 있어도

2

감시하고 있는 건지,
보호하고 있는 건지

빅 브라더란 설이
여기저기 파다하나

걱정할

필요가 없지,

지구에서 파견했으니

제4부

가을

매미의 수다에서 해방된 줄 알았더니

귀뚜라미의 수다를 또 들어야 하다니

한철을
나의 숙청 든
죽부인과 이별하고

내가 나무란다고 들을 놈들 아니어

힘이 파할 때까지 기다리는 게 더 낫지

말리지
못할 일들이
그 일뿐만 아니니

귀뚜라미

귀뚜라미가 울어 폭염이 물러났는지

폭염이 물러나니 귀뚜라미가 우는지

오감을
총동원해도
결론을 못 내리니

귀뚜라미 울음에 달도 귀 기울여야

귀뚜라미 울음에 구름도 귀 기울여야

내려올
생각은 않으니
그나마 다행이지

가을비

초대 받지 않아서 몸 둘 바 몰라 하나

잘못한 게 없는 데도 겸연쩍어 하는 것을

괜찮다
괜찮다 해도
고개를 들지 않고

구름도 생각이 있는 게 분명하지

얼굴 붉힌 잎새들을 적시고 싶은 거지

철부지
나뭇잎들이
한참 성숙한 뒤에

느티나무 아래 벤치

나도 한때는 늘 푸른 나무였지

새들에게 무상으로 잠자리를 제공하는

지금은
추억의 음반을
틀어놓고 있지만

나도 한때는 역류하는 江이었지

그 많은 샛강들이 내 몸에서 태어났지

지금은
다들 어디에서
무슨 꿈을 펼치나

백내장

세월의 더께는 예외가 없는 것을

이순을 앞에 두고 이제야 깨닫다니

두 눈이
유통기한이
다르다는 사실마저

하늘 눈이 항상 건강한 게 아니듯이

사람 눈도 항상 건강하란 법이 없어

아무리
다 쓰고 싶어도
못 쓰는 게 눈이니

티어린 프리

인공산인 네가 나를 챙기지 아니해도

자연산 눈물을 불러올 수 있는데

슬픈 일
생각만 해도
저절로 찾아오니

눈물이 진짜인지 눈물이 가짜인지

맛을 보면 누구나 다 그냥 알 수 있는 걸

점안액
티어린 프리
네가 도와주지 않아도

* 백내장 수술로 여러 달째 하루에 여섯 차례 점안액을 넣고 있다.

가뭄

더위 먹은 대지의 가파른 숨소리가

하늘 천장 뚫으면 그때야 쏟아질라나

얼마나
더 헐떡여야
하늘 천장 뚫릴까

하늘도 목이 마른 걸 이제야 깨닫다니

여유가 있어야 자신의 걸 내놓지

하늘이
여유를 찾을 때까지
기다릴 수밖에

고구마꽃

안장산 산비탈에 고구마꽃이 출현했어야

몇 송이도 아니고 떼거리로 출현했어야

오유월
대가뭄 끝에
발버둥 친 결과라니

출현이 맞는 건가 출연이 맞는 건가

산돼지가 엉뚱한 데 나타나면 출현인데

안장산
고구마꽃은
제 몸에서 나왔잖아

폭우

울음을 참느라고 별별 애를 다 쓰더니

결국은 한꺼번에 쏟아내고 말다니

간간히
흘렸더라면
궂은소리 안 들을 걸

찔끔찔끔 우는 것이 보기 좋단 말은 아녀

네 울음을 감당하기 어려우니 하는 말이어

울어도
호랑이처럼
울고 싶지만, 나도

담쟁이

1

높은 곳에 올라야 더 멀리 볼 수 있지

그늘이 없는 곳은 사막이나 다름없지

어느새
알아차리고
담과 함께하다니

2

맘씨 착한 담쟁이가 햇빛을 안 가려주면

아무리 힘센 담도 모래 되어 허물어져야

그래서
담이란 담은 다
담쟁이를 마다 않지

플라타너스의 꽃

1

등치에 비해 잎사귀에 비해

꽃이 작은 이유가 무엇인지 궁금해야

숫기가
없어서인가,
겸손할 게 따로 있지

2

등치가 너무 작아 눈에 띄지 않으니

플라타너스는 아예 꽃이 없다 생각했지

열매도
인과의 법칙에서
벗어날 수 없는 것을

몽돌과 해일

– 가거도

1

그 많던 몽돌들은 다 어디로 사라졌나

달려드는 해일의 발목을 붙들던

그보다
더 나은 완충제가
세상에 없는 것을

2

발목을 붙들어도 절친했던 몽돌들이

사라지고 안 보이니 성질이 날 수밖에

방파제
무너뜨리는 것은
말릴 수가 없는 것을

소록도 가는 길

1

저 푸른 바다가 바로 청보리밭이어야

가로지른 거금대교가 바로 들길이어야

애절한
피리 소리가
들려오지, 피-ㄹ닐니리

2

인환人寰의 거리가 뭔 말인지 모르면서

방랑의 기산하幾山河가 뭔 말인지 모르면서

기필코
보리피리로

거금대교를 건너다니

* 인환人寰의 거리, 방랑의 기산하幾山河 : 한하운의 「보리피리」라는 시에 나오는 시구이다.
* 인환人寰 : 사람이 살고 있는 세계.
* 방랑의 기산하幾山河 : 방랑하며 돌아다닌 산하가 그 몇 해인가?

부동산

1

등기 안 한
내 재산이
한두 가지 아니어야

괜히
등기했다간
재산세만 올라가니

해와 달
별들은 물론
바다에서 구름까지

2

들에 핀 들꽃들도 매한가지인 것을

바닷새의 천국인 무인도는 또 어떻고

그게 다
내 것이지만
입을 봉할 수밖에

찔레꽃

1

누가
불러낸다고

응할
네가 아닌데

뻐꾸기
울음에는

맨발로
나서다니

코드가
맞아서이나

부조리한

세상에

2

소리하면 고수가 따르기 마련인 걸

만에 하나 아니 찔레꽃, 바로 네가

고수가
분명한 것 같은데
북이 안 보이니

오독

1. 매미

오븐에 물 맡겨 놓은 마누라는 어디에

물이 쩔쩔매는 소리,
주방에 나가 보니

창밖에
매미의 울음,
잘못 짚어도
한참을

2. 벽걸이용 선풍기

대낮에 비가 와서 날 부르는 소리에

문득, 잠이 깨어 창문을 열고 보니

비라곤
단 한 방울도
눈에 띄지 않는 기라

죽부인

1

내 어깨에 누워서도 딴생각을 하는가 봐

내 품에 안겨서도 헛생각을 하는가 봐

아무리
애무를 해도
반응이 없는 것을

2

꼭 몸을 섞어야만 부부란 말 듣는가

곁에만 있어 줘도 부부가 되는 것을

그대가
입증하다니,
더위 먹는 시절에

시간

1

엉덩이를 때린다고 시간이 빨리 가고

발목을 붙든다고 시간이 늦게 가냐

시간의
고삐를 쥔 자도
맘대로 못하잖아

2

시간은 언제나 현재만 있는 거지

현재 속에 과거 있고 현재 속에 미래 있지

앞뒤로
과거와 미래는
현재의 자식이지

말

1

시대의 말발굽에 치이지 않으려면

처음이나 나중이나
말을 조심해야지

아니면
말의 고삐를
야무지게 틀어쥐든가

2

아무나 말의 고삐 틀어쥘 수 있나

무엇이든 성취하려면
호감을 사야지

비위를

맞추는 거는

파렴치한 일이고

어머니

1

머니,
머니 해도
머니가
최고라니

머니,
머니 해도
어머니가
최고이지

머니는
널려 있어도
내 어머닌
한 분인 걸

2

머니, 머니해도 어머니가 최고이나

머니, 머니해도 할머니도 최고인 걸

더불어
외할머니도
최고이긴 마찬가지

* 머니는 원래 '뭐니'가 맞다.

거푸집

1

삼장육구 십이음보, 사십오자 이내 거푸집이

비유와 상징으로 발효된 언어들을

적절히
배분을 하여
언어의 꽃, 찍어 내지

2

거푸집도 한 가지만 있는 것이 아니니

자기 입맛에 맞는 거푸집을 고르면 돼

한 가지
잊지 말 것은
시가 비유라는 걸

부 록

단시조

詩論

내 언어의 군살을 하루 빨리 빼야지

내 언어의 뱃살을 하루 빨리 빼야지

이대로
방치했다간
마이너로 추락하니

언어

지느러미도
없는 것이

꼬리도
없는 것이

마르지
않는

희로애락을
다스려야

유유히
때론 어설프게

헤엄쳐
다니면서

백담사

수심교修身橋에 다다른 물은 모두 다 돈오하고

수심교修身橋를 떠나는 물은 모두 다 점수하지

내 눈에
보이는 것은
돈오와 점수뿐이니

* 돈오점수頓悟漸修 : 문득 깨달음에 이르는 경지에 이르기까지에는 반드시 점진적 수행 단계가 따름을 이르는 말이다.
* 문득 깨닫는 것은 돈오頓悟이고 오래 두고 깨닫는 것은 점수漸修이다.

물의 군말

세상은 나를
물물물,
물로 보고

나는 세상을
졸졸졸,
졸로 보고

어쩌다
우리 사이에
이런 일이
벌어졌나

세족洗足

– 白潭 계곡에서

백 개의
潭을 지나

내 앞에
막 다다른

득도한
물의 발을

두 손으로
씻어 주나

간지럼
이기지 못해

내 손에서
달아나네

백담계곡

진리에
목이 마른
백담계곡
돌들이

물의 법문
들으려
몸을
곧두세우는데

만남이
이별이라며
투정하는
물이여

내린천

– 리빙스턴교를 지나며

스무 살 적 내 젊음이
꼴아박어를 하고 있어야

앞으로 취침,
뒤로 취침
관물대에 발 올린다

아직도
귓전에 무성한
주번사관의
얼차려

* 관물대 : 군대 용어로 '사물함'을 가리킨다.
* 나는 2사단 17연대 1대대 본부중대 소속으로 참모부에서 정보병으로 근무하였다. 2대대에는 중·고등학교 동창인 김성훈이, 3대대에는 중학교 동창인 김한종이 근무하였다.

강원도의 힘

근육질 강원도의 힘은 어디에서 오나

외설악과 내설악에서 오기도 하지만

새벽녘
푸른 제복의
아랫도리에서 오지

느티나무

– 고성사

살아 천년 죽어 천년 갈 길이 이리 먼데

많아야 백년 안팎 말들이 이리 많나

그것도
한 자리에서
천년이란 말이여

물봉선

– 고성사

고암모종 소리매에 가는 귀 먹었어도

일찍이 돈오하여 점수를 일삼아야

더불어
물소리매가
물의 법문 아니던가

고성사 단풍나무

대웅전 석가세존 고뿔 안 걸리게

비단 이불로 앞마당을 덮어 드리다니

하나도
남기지 않고,
제 몸에 지닌 것을

백일홍

– 고성사

때가 되면 동자승이 사미승 되고 큰스님 되지

부끄러울 이유 없고 기죽을 이유 없어

먼 후일
결국엔 너도
큰스님 말 들을 테니

승복 입은 보은산, 범종

보은산방 제자리에 앉힐 때까지는

마음 편히 잠잘 날 하루라도 있을라나

저놈의
소쩍새마저
서두르라 다그치니

보동 승강장에서

– 다산유물전시관 앞

들판 너머
산 있고

산 너머
구름 있고

구름 너머
하늘 있는데

하늘 너머
무엇 있나

아무리
눈에 안 띈다고

구강포를
빼먹다니

어리연꽃

해산토굴 절구통에 어리연꽃이 마중 나왔어야

먼 길을 오느라고 흐트러진 내 모습에

무진장
실망했겠지,
입 봉하고 있는 것이

* 해산토굴 : 한승원 선생님의 창작실이다.

봄비

시기를 잘 맞춰서 세상 구경 나온 건지

시기를 못 맞춰서 세상 구경 나온 건지

꽃들의
표정을 보면
금방 알 수 있어야

가을비

머리에서 나오는 대로 바로 뱉을 생각인데

한참을 기다려도 생각이 안 떠올라

어느새
멀리 사라져
뒷모습이 희미해야

단풍

노랑물감, 빨강물감 동나리라 생각해도

해마다 끄떡없이 물량을 대잖은가

사람의
힘만으로는
가능한 일 아닌데

등대

마음은
먼 바다로
성큼성큼
걸어 나가도

몸뚱인
한 발짝도
나아가지
않았지

일생을
탯자리에서
이정표로
지내느라

청시靑柹

떫은 맛 버리는데 무엇이 일조하나

해와 달, 별빛 말고 또 무엇이 있을까

인고의
기다림 없이
되는 일이 하나 없지

마늘

세상의 맛내는 데 둘째라면 서러워야

엄동설한 이겨내도 소득은 별 볼 일 없어

더불어
제맛 내려면
으깨지고 부서져야

잔치국수

하고많은 국수 중에 너를 찾은 이유는

내 마음의 그늘을 걷어 내기 위해서지

그대를
가까이 하면
흥이 절로 날려나

비누

내 목숨도 너처럼 은밀히 닳아졌겠지

나도 모르는 새 야금야금 닳아졌겠지

얼마나
닳아졌는지
눈에 띄지 않으나

청소기

아무런 소리 없이 빨아 댈 순 없는가 봐

즐거운 신음인지, 힘겨운 노동인지

도대체
구분 안 되니
누구에게 물어보나

가을밤

풀벌레들이 타전하는 풀밭은 무선소지

유년의 안테나를 가을밤은 곤두세우고

풀밭을
소리로 장악한
풀벌레들은 무선 소 떼지

진안

쌍봉낙타 한 마리가
하늘 보며 서 있어야

저 하늘 어딘가에
신기루가 떠 있나

제 몸이
오아시스인
쌍봉낙타 한 마리가

* 진안鎭安 : 마이산馬耳山이 있는 전라북도 진안을 말함.

불

어딘가에
잠복했다,
느닷없이 나타나지

분별이
있나 없나,
앞뒤를 안 가려야

결국엔
전신인 혀로
제 몸까지 삼키니

물

"나를 물로 보냐"란 말은 수정이 되어야지

절벽에서 뛰어내려
도도하게 흐르는데

그따위
오명을 씌우다니,
너를 뭘로 봐야 하나

구름

구름은 사시사철 생각에 잠겨 있지

그것이 몽상이던,
그것이 음모이든

어느 날
갑작스럽게
행동으로 옮겨야

뇌우

지상의 금맥 찾아 떠도는 이들에게

하늘 금맥 보여줘도 알아보지 못하지

하늘을
쳐다보기에
지은 죄가 너무 많아

태풍

– 곤파스

너무도
오랜만에
하늘과
땅이

저리도
격렬하게
사랑을
나누다니

남들의
눈치 같은 건
보지 않고,
죽어도

눈물

뭐가 그리 바빠 널 잊고 살았다냐

마지막으로 널 본
그때가 언제더라

강가에
마실 나온 널
강물이 위로했지

그림자

방 안의
불을 끄면
유리창이
스크린 되어

창밖의
느티나무가
단역배우로
출현하지

길가의
가로등불이
영사기를
돌리고

시간도둑

매일
어느 놈이
내 시간을
훔쳐가나

기필코
잡아야지,
몇 번이고
다짐했지

세상에
나라는 놈이
범인인 줄
몰랐다니

별밭

밤마다
누군가가
화살촉
날렸으나

한 번도
적중 못해
하늘에
박힌 것을

보름달
움직이는 과녁이
별들을
낳
다
니

매미

내가 평생 울어도 못다 울 울음을

한철에 다 울고서 몸뚱일 투신하다니

울음이
빠져나간 뒤
열반에 든 몸뚱이여

잔고증명

내 생의 잔고가 얼마인지 알 수 없어

어데 가서 누구에게 물어 봐야 알 수 있나

인지세
얼마나 드는지
아는 사람 누구인가

김해인

본명 김재석. 1955년 전남 강진에서 태어나 1982년 전남대학교 영문과를 졸업하고 2002년 목포대학교 국문과 박사과정을 수료했다. 1990년『세계의문학』에 시로 등단했으며 2008년 유심신인문학상 시조부문(필명 김해인)에 당선했다. 시집으로『까마귀』, 『샤롯데모텔에서 달과 자고 싶다』, 『기념사진』, 『헤밍웨이』, 『달에게 보내는 연서』, 『목포자연사박물관』, 『백련사 앞마당의 백일홍을』, 『강진』, 『조롱박꽃 핀 동문매반가』, 『목포』, 『강진시문학파기념관』, 『무위사 가는 길』, 『그리운 백련사』, 번역서로 『즐거운 생태학 교실』, 시조집으로『내 마음의 적소, 동암』, 『이화』, 『별들의 사원』, 『별들을 호린다고 저 달을 참수하면』, 『고장난 뻐꾸기』, 『큰개불알풀』, 『다산』, 『만경루에 기대어』가 있다. 현재 목포 마리아회 고등학교에서 영어교사로서 삼십 년간의 교직 생활을 마치고 전업시인으로 활동하고 있다.

e-mail | crow4u@hanmail.net

문학들 시선 027
구강포

초판1쇄 찍은 날 | 2014년 9월 2일
초판1쇄 펴낸 날 | 2014년 9월 4일

지은이 | 김해인
펴낸이 | 송광룡
펴낸곳 | 문학들
등록 | 2005년 8월 24일 제2005 1-2호
주소 | 501-841 광주광역시 동구 천변우로 487(학동)2층
전화 | 062-651-6968
팩스 | 062-651-9690
전자우편 | munhakdle@hanmail.net

ISBN 978-89-92680-85-1 03810